Kuadradu Mak Forma Tinan Nian

Hakerek-na'in: Sheri-Ann O'Shea
Ilustrasaun husi Jovan Carl Segura no John Robert Azuelo

Library For All Ltd.

Library For All nu'udar organizasaun Australiana ne'ebé la buka lukru. Library For All ho nia misaun forma koñesimentu ne'ebé ema hotu bele asesu liuhosi biblioteka dijitál ne'ebé inovativu.
Vizita ami iha: libraryforall.org

Kuadradu Mak Forma Tinan Nian

Publikasaun dahuluk 2021

Publikadu husi Library For All Ltd
Email: info@libraryforall.org
Website: libraryforall.org

Livru ida-ne'e bele produs tanba simu suporta laran-luak husi Education Cooperation Program.

Ilustrasaun husi Jovan Carl Segura no John Robert Azuelo

Kuadradu Mak Forma Tinan Nian
O'Shea, Sheri-Ann
ISBN: 978-1-922591-87-6
SKU01970

Kuadradu Mak Forma Tinan Nian

Kuadradu mak forma tinan nian!

Ohin ha’u-nia tinan, no ha’u haree kuadradu iha ne’ebé de’it.

Ha'u haree kuadradu iha prezente sira-ne'ebé ha'u loke.

Ha'u haree kuadradu iha karta sira-ne'ebé ha'u lee.

Ha'u haree kuadradu iha kek ne'ebé ha'u ko'a.

Ha'u haree kuadradu iha kastelu haksoit sira-ne'ebé ita haksoit ba leten.

Ha'u haree kuadradu iha karta joga ne'ebé ita halimar ho.

Ha'u haree kuadradu iha máskara sira ne'ebé ita uza.

Maibé ha'u-nia kuadradu favoritu mak bainhira ita hotu tuur iha forma kuadradu ida iha biti ninin no halimar pasa prezente. Ha'u gosta selebra ha'u-nia tinan ho imi.

Ó bele uza pergunta hirak-ne'e hodi ko'alia kona-ba livru ne'e ho ó-nia família, belun sira no mestre sira.

Ó aprende saida husi livru ne'e?

Ho liafuan ida ka rua deskreve livru ne'e. Kómiku? Halo ta'uk? Halo kontente? Interesante?

Ó sente oinsá bainhira ó lee hotu tiha livru ne'e?

Parte ida ne'ebé mak ó gosta liuhosi livru ne'e?

Kona-ba kontribuidór sira

Library For All servisu hamutuk ho hakerek-na'in no artista sira husi mundu tomak atu dezenvolve istória ne'ebé relevante, kualidade di'ak no kona-ba tópiku oioin. Ami halo istória hirak-ne'e ba lee-na'in labarik no joven sira.

Vizita website libraryforall.org atu hetan informasaun atuál kona-ba ami-nia workshop ba hakerek-na'in, informasaun kona-ba oinsá atu submete livru ba publikasaun, no oportunidade kriativu seluk.

Ó gosta livru ne'e?

Ami iha istória orijinál atus ba atus ne'ebé ita bele lee.

Ami servisu hamutuk ho hakerek-na'in lokál sira, edukadór sira, konsellu kultura nian, Governu no ONG sira atu lori ksolok lee ba labarik sira iha fatin ne'ebé de'it.

Ó hatene?

Ami kria impaktu globál iha área hirak-ne'e tanba ami servisu tuir Objetivu Dezenvolvimentu Sustentavel Nasoens Unidas nian.

libraryforall.org

www.ingramcontent.com/pod-product-compliance
Lightning Source LLC
LaVergne TN
LVHW052349100826
845147LV00012B/794

* 9 7 8 1 9 2 2 5 9 1 8 7 6 *